LES REPRÉSENTANTS
DE LA CORSE

M. Joseph LIMPERANI

PAR

J.-B. THIERS

Directeur de l'*Insulaire*.

BASTIA
IMPRIMERIE FABIANI
1883.

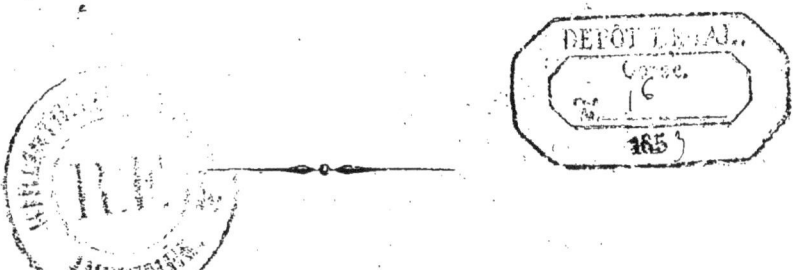

Au milieu des luttes personnelles que nous venons de traverser, au milieu de la pénurie d'hommes que notre pays subit depuis quelque temps, puisque pas un de nos représentants n'est à peu près capable d'arpenter la tribune et de parler avec autorité des affaires de notre pays, nous avons dû porter nos regards vers le passé, pour nous consoler, l'histoire à la main, des défaillances du temps présent. Nous avons trouvé, sous la première Révolution, des Corses énergiques et passionnés, mêlés aux luttes ardentes de cette époque terrible et lançant parfois à la tribune des éclairs de raison et de patriotisme.

Nous avons trouvé, sous la Restauration, la figure bien caractéristique du général Sebastiani, représentant d'abord le département de la Corse, puis succédant au général Foy dans la représentation du département de l'Aisne et parfois frappant la tribune de sa main de soldat parvenu, mais glorieux, du premier empire.

Nous avons surtout détaché du musée général de l'époque brillante de Juillet une figure de véritable orateur, d'insulaire fougueux et indomptable, de représentant, vraiment digne d'être esquissée.

Le cadre n'est pas très grand; il a des apparences modestes : il se borne surtout à refléter les besoins d'un département, sa physionomie propre e originale : mais, par son originalité même, par son allure bien nette, bien insulaire, il a le don d'attacher, de plaire, de séduire.

La tête actuelle du personnage, nous parlons de M. Joseph Limperani, ne donne qu'une idée imparfaite du député d'alors. Heureusement notre compatriote le peintre et sculpteur bastiais Varese a laissé de lui un portrait des plus remarquables. C'est un jeune homme de trente ans environ, de haute stature, à la figure mince, au corps élancé, portant de petits favoris noirs, une cravate haute comme celles de l'époque et rappelant dans l'ensemble la physionomie fine et hautaine du poète Lamartine. M. Limperani siégeait du reste à la Chambre des députés à côté de deux futurs membres du gouvernement de 1848. Il avait d'un côté l'immortel poëte des *Harmonies* et des *Méditations* qui, chacun le sait, devint à la Chambre un superbe orateur, de l'autre Garnier-Pagès. (1)

Son discours le moins saillant date du 22 février 1834. La question est brûlante. Il s'agit de l'abrogation des lois d'exil contre la famille Napoléon, et du retour des cendres de Napoléon premier. La politique de ce moment hostile à toute idée napoléonienne nous défend de le reproduire :

---

(1) Voir la note à la fin de la biographie.

mais, dans les pages de ce discours que nous avons entre les mains, on sent vibrer la corde du patriote corse encore ébloui par le coup du soleil éclatant du premier empire. Cette gloire s'est bien amoindrie depuis. Le premier empire a ramené le second et ce dernier a été tellement écœurant, dans ses résultats, que nous nous garderons de rappeler les phrases éloquentes du discours de M. Limperani.

Lui, comme tant d'autres, doit se repentir, à certains moments, d'avoir subi la fascination de la grandeur militaire.

L'invasion allemande était au bout de tout cela!

Le premier succès à la tribune de M. Joseph Limperani, son premier bond impétueux et triomphal date du 23 février 1833.

Il était question de suspendre l'organisation de la Garde nationale dans quatre villes du département de la Corse et dans deux villes du département des Bouches-du-Rhône.

M. Limperani prend à bras le corps le projet de loi soumis à la délibération de l'Assemblée. Il laisse de côté la partie du projet qui concerne Arles et Tarascon, puis pénètre vivement dans le cœur du sujet, la Corse. Écoutez la défense faite de son pays par le député libéral d'alors :

« Il est difficile de se défendre d'un vif senti-
« ment de peine, en voyant tout à coup renaître
« contre ce pays les injustes préventions que
« l'on avait crues détruites à jamais avec le gou-

« vernement qui semblait se complaire à les pro-
« pager. Sous une dynastie qui avait pour les
« libertés publiques une aversion invincible et à
« laquelle la gloire acquise par la France, sous
« la République et sous l'Empire était à charge,
« il était naturel qu'on se défiât d'un pays connu
« par ses sentiments patriotiques, et qui pouvait
« revendiquer une part de la gloire de la France.

« Mais depuis la Révolution de juillet, répara-
« trice de tant de maux, la Corse était loin de
« s'attendre à ce qu'on remît de nouveau en
« question, au sein d'une assemblée législative,
« son droit aux mêmes garanties que les autres
« départements français. »

M. Limperani, debout à la tribune, plein d'é-
nergie et d'audace, développe la situation véritable de la Corse, au point de vue des résultats de
l'institution du jury, du rétablissement de la loi
municipale :

« Quel est le peuple, s'écrie-t-il, qui ait prouvé
« par plus d'efforts, par plus de constance, par
« plus de sacrifices, sa haine pour le despotisme
« et son amour pour la liberté.

« Durant le cours des deux derniers siècles,
« qui ont été peut-être pour l'Europe l'époque
« du plus avilissant esclavage, la Corse n'a jamais
« cessé de protester par les armes, en faveur de
« ses droits et de son indépendance. »

Suit l'historique de l'émancipation graduelle
de l'île, à partir de 1729, avec les mots élogieux
de Mirabeau et de Rousseau. M. Joseph Limperani

plaide éloquemment, en français digne et élevé, la cause de l'assimilation complète de la Corse avec les autres départements français. Il la plaide avec tant de conviction et de chaleur que lorsqu'il descend de la tribune, un mouvement général et prolongé d'approbation se manifeste au sein de l'Assemblée. Le général Lafayette, l'homme le plus glorieux de l'époque, s'avance vers lui chaleureusement et, lui tendant les deux mains, félicite le jeune orateur du talent qu'il vient de déployer au service d'une cause juste.

Le projet de loi est rejeté par la Chambre.

L'orateur savait convaincre et émouvoir. Il se tenait à la hauteur du mandat que ses concitoyens lui avaient confié.

Parmi les représentants de notre époque, aucun ne pourrait en dire autant.

Si vous allez dans les antichambres des ministères, vous risquez fort de rencontrer leurs fatigantes personnes et leurs cravates fraîchement empesées.

Si vous vous tournez du côté de la tribune pour apercevoir leur silhouette ou écouter leurs discours, vous êtes obligé de déplorer le degré descendant de notre représentation législative!!!

En 1835, nous retrouvons notre orateur en pleine possession de la tribune française, qu'il occupe pendant environ une heure, non pas pour défendre des droits politiques, ni pour soutenir les intérêts d'une dynastie, mais pour discuter longuement et sagement des questions de douanes, d'octroi, de contrebande, pour parler avec autorité du commerce de la Corse, de son industrie naissante, de ses besoins si multiples, et pourtant si négligés. Lui qui admirait le génie militaire de Napoléon Ier, ne se faisait pas faute de dire la vérité sur l'oubli dont il avait frappé la Corse.

« Ce n'est pas nous certainement, s'écriait-il,
« qui attaquerons sa mémoire, que nous consi-
« dérons comme un de nos titres les plus pré-
« cieux ; mais c'était bien sous son règne, quand
« son génie créateur répandait les bienfaits sur
« toutes les parties de son vaste empire, qu'aurait
« dû apparaître et se fixer la bonne étoile de la
« Corse. L'empereur laissa dans l'oubli le pays où
« il avait reçu le jour ; il ne s'en rappela que
« quand il n'était plus temps, aux jours de son
« malheur, à l'île d'Elbe, à Ste-Hélène..... Ce qu'il
« y eut de plus déplorable pour nous après sa
« chute, c'est que sans avoir participé à ses bien-
« faits, nous héritâmes de la haine que la Res-
« tauration avait vouée à sa mémoire. Quand un
« ministre de cette Restauration disait qu'il eût
« été à désirer que la Corse fût engloutie sous
« les flots ; quand le plus grand de ses écrivains,
« dans un libelle peu digne du caractère qu'il a
« voulu se donner depuis, nous refusait la qua-
« lité de Français, et croyait nous flétrir en im-
« primant sur notre front des traits qu'il quali-
« fiait de semi-africains, ils étaient tous les deux

« les interprètes fidèles des sentiments de leur
« gouvernement à notre égard. »

Voilà l'histoire, voilà le caractère vrai de l'homme, de l'orateur, du patriote. C'est bien l'insulaire, frappant d'estoc et de taille, disant la vérité aux grands, entr'ouvrant les tombes des héros pour surprendre les secrets de leur grandeur et de leur chute. A une question aride de chiffres, M. Limperani mêlait volontiers les vues larges de l'homme politique. Non pas qu'il fît bondir et éclater la tribune, comme Mirabeau, Berryer et Gambetta, mais en l'occupant, il savait captiver son auditoire par des aperçus ingénieux et saisissants de vérité.

Ce qui le prouve, c'est la réponse faite à M. Joseph Limperani par son collègue de la Chambre, M. Réalier Dumas :

« Je ne monterais pas à cette tribune, dit-il, si
« le discours remarquable que notre honorable
« collègue M. Limperani a prononcé à notre der-
« nière séance avait pu être entendu par la Cham-
« bre tout entière. Jamais, non jamais, la situation
« de la Corse n'avait été présentée avec plus
« d'éloquence, de patriotisme et de vérité. »

Un autre jour, le 18 mai 1836, un Procureur Général de la Corse, M. Mottet, député de Vaucluse, s'avise de demander pour la Corse des lois de rigueur et d'exception pour y exercer un proconsulat.

M. Joseph Limperani, plein de feu, saute à la tribune. Il improvise une défense chaleureuse du département qu'il représente, si chaleureuse, si vraie, si triomphante qu'à son retour à Bastia, il est l'objet des acclamations populaires.

Le chef de la municipalité bastiaise, le maire Antoine-Hyacinthe Lota, prononce, sur le quai de Bastia, au milieu des vivats et des cris d'enthousiasme, le discours suivant :

« Monsieur le Député,

« Le pays avait depuis longtemps la profonde
« conviction qu'il ne pouvait mieux faire que de
« mettre en vos mains la défense de ses intérêts ;
« aussi la réponse énergique que vous avez pro-
« noncée naguère à la tribune constitutionnelle,
« et qui a anéanti les sinistres préventions que l'on
« s'efforçait de faire peser sur la Corse, n'est-
« qu'une preuve de plus de votre dévouement et
« de votre patriotisme éclairé. Je suis heureux
« d'être, le premier, à votre arrivée parmi nous, à
« vous présenter l'hommage de notre reconnais-
« sance et nos félicitations.

« Les marins de Bastia qui vous entourent
« viennent aussi vous exprimer, par mon orga-
« ne, tout ce qu'ils sentent de reconnaissance
« pour vous, Monsieur le Député, qu'ils considè-
« rent désormais comme le zélé défenseur de
« leur droits. »

Nous avons trouvé ce discours et le récit de cette manifestation dans l'*Insulaire français* du samedi 8 juin 1836.

Il appartenait à son héritier direct, l'*Insulaire* de 1883, d'exhumer ces souvenirs que la réaction actuelle foule aux pieds si souvent, en injuriant les hommes de cette époque.

Le parti libéral d'alors est devenu, en Corse, le parti républicain d'hier et d'aujourd'hui. C'est vouloir étouffer le droit, la lumière et la vérité que d'aspirer en Corse à une tyrannie nouvelle, à un proconsulat, à une dictature. M. Mottet n'a pu le faire en 1836 : en 1883, nul ne devrait y songer.

Transportez-vous, par ces temps de chaleur, dans la plaine de Casinca, si belle, si fertile, si attrayante ; vous trouverez notre insulaire occupé aux loisirs actifs et intelligents que lui laisse sa retraite de Consul général en Italie, qui a suivi sa brillante carrière législative. Il flotte entre son vaste domaine de Campo-Magno, qui a obtenu aux concours régionaux de 1865 la prime d'honneur pour l'exploitation la plus méritante, sa maison de Penta où se concentrent pour lui les joies de la famille et de l'amitié, et sa châtaigneraie de Valchiusa, au bas de laquelle se trouve une des plus belles plantations de cédratiers que l'île de Corse puisse offrir.

Ce n'est plus un lutteur engagé dans les passes étincelantes de la tribune : c'est un sage; mais partout où il passe, il prône les idées de travail, de progrès, de saine et intelligente démocratie.

Nous nous rappelons toujours l'heureuse époque où, pratiquant le plus large opportunisme, nous collaborions à *l'Observateur* de la Corse inspiré par M. Joseph Limperani. Sa parole constante, son mot de chaque jour à notre adresse étaient ceux-ci : « Travaillez, jeunes gens, la presse est une puissance. »

Le vieux parlementaire avait raison. En Corse, la presse ne peut rien, quand elle est mal dirigée : mais quand elle agit loyalement et avec courage, elle fait brèche aussi bien qu'en France et en Italie.

M. Joseph Limperani, comme tous les hommes qui arrivent à un âge avancé (il a quatre-vingt-quatre ans qu'il porte fort bien) est tombé sous le coup du vers du poëte :

Memor temporis acti.

Il n'est content que lorsqu'il peut rappeler à son interlocuteur quelques souvenirs heureux de son âge mûr, de sa jeunesse; mais il a tant travaillé, il a tant mûri ses idées, il a si bien profité de l'espace donné à chacun en ce monde qu'il est agréable de causer avec lui.

Il y a quelques années, quand il présida la distribution des prix du Lycée de Bastia, qu'il a le plus contribué à fonder, il ne put s'empêcher de réfuter l'accusation de paresse dirigée contre les Corses. Il tira surtout son argumentation de ce que sont les femmes corses.

« Sous le rapport du travail, dit-il, les femmes
« corses ne le cèdent aux femmes d'aucune autre
« contrée. Ce sont bien les *mulieres fortes* dont
« parle l'Écriture « qui ne mangent point leur
« pain dans l'oisiveté, qui se lèvent quand il fait

« encore nuit, qui affermissent leurs bras et
« ceignent leurs reins de force.

« Ce n'est pas la race qui a produit de telles
« femmes qu'on peut accuser de fainéantise, de
« paresse. »

Pour bien connaître le philosophe, l'homme de paix et de démocratie, il faut lire les conseils qu'il adresse à ceux qui vont quitter le lycée pour rentrer dans leurs villages :

« Il vous arrivera souvent d'assister à un
« spectacle des plus pénibles, celui d'une popu-
« lation tout entière divisée en deux camps,
« animés l'un contre l'autre, au point que vous
« seriez tentés de vous demander si c'est Rome
« et Carthage qui se disputent la possession de
« la Sicile.

« Vous apprendrez avec étonnement que c'est
« le plus souvent la nomination d'un conseiller
« municipal, ou celle même d'un garde-cham-
« pêtre qui a mis en mouvement toutes ces pas-
« sions.

« Attachez-vous à convaincre les deux camps,
« à commencer par vos familles et vos voisins,
« que l'exercice des droits municipaux, voire
« même des droits politiques, doit se faire avec
« beaucoup plus de calme. Pourquoi des divi-
« sions si profondes dans un pays qui n'a jamais
« connu de caste privilégiée, qui est celui de
« l'Europe où l'on compte le moins de riches et
« le moins de pauvres, où les différentes classes
« de la société sont le plus rapprochées, et où

« domine conséquemment avec le plus de
« force le sentiment de l'égalité? Ce n'est certes
« pas dans un pays ainsi constitué qu'une avide
« aristocratie forcerait le peuple à se retirer sur
« le Mont sacré. »

Ces mêmes considérations, on les retrouve dans le discours prononcé par M. Joseph Limperani à la Chambre des Députés le 23 février 1833.

Elles furent parfaitement accueillies par la Chambre et lui valurent de nombreuses félicitations.

Les élèves du lycée de Bastia en applaudissant à leur tour ces paroles vraies et éloquentes ont fourni au vieillard courbé sous le poids de l'âge la sanction suprême que donne l'innocence à l'homme de bien convaincu et fidèle.

Que nos contemporains imitent cet exemple et ils mériteront à leur tour une vieillesse longue, honorée, glorieusement et utilement remplie.

J. B. THIERS.

---

(1) NOTE, page 3. — Ce n'est pas le membre du Gouvernement provisoire qui siégeait à côté de M. Limperani, c'est son frère que M. Joseph Limperani, dans une lettre qu'il nous a adressée, appelle « le plus éloquent et le plus habile des « représentants de la démocratie sous le gouvernement de « Juillet. »   J. B. THIERS.

www.ingramcontent.com/pod-product-compliance
Lightning Source LLC
Chambersburg PA
CBHW070542050426
42451CB00013B/3135